父母的趣味教养宝典

打屁股？你out了！

——教养规则宝典

(塞尔维亚)Nevena Lovrinčević 著

刘 畅 译

哈爾濱工業大學出版社
HITP HARBIN INSTITUTE OF TECHNOLOGY PRESS

黑版贸审字08-2015-020号

图书在版编目（CIP）数据

打屁股？你out了！：教养规则宝典 /（塞尔）内韦娜（Nevena）著；刘畅译. -- 哈尔滨：哈尔滨工业大学出版社，2015.6

（父母的趣味教养宝典）

ISBN 978-7-5603-5434-7

Ⅰ. ①打… Ⅱ. ①内… ②刘… Ⅲ. ①儿童教育一家庭教育 Ⅳ. ①G78

中国版本图书馆CIP数据核字(2015)第116860号

Discipline without spanking

策划编辑　陈　洁
责任编辑　李长波
封面设计　刘长友
出版发行　哈尔滨工业大学出版社
社　　址　哈尔滨市南岗区复华四道街10号　　邮编　150006
传　　真　0451-86414749
网　　址　http://hitpress.hit.edu.cn
印　　刷　哈尔滨市工大节能印刷厂
开　　本　880mm×1230mm　1/32　印张3.125　字数55千字
版　　次　2015年6月第1版　2015年6月第1次印刷
书　　号　ISBN 978-7-5603-5434-7
定　　价　18.00元

引　言

立规矩，在亲子教育过程中从来就不是一个有趣的环节。设想一下，如果我们两岁或者两岁半的宝宝自己就知道：他们五分钟前刚吃了一个冰激凌，可紧接着去吃巧克力，这样的行为对他们来说是无益的；或者起码在我们对他们解释这样的行为为什么无益的那一个瞬间他即刻就能明白道理，这该是一件多么美好的事情！但是孩子们偏偏不是这样的，他们确确实实地就是做这样一些事情：首先，他们会要求我们买巧克力，当我们说不行的时候，他们乞求、哀诉、呜咽、哭泣，然后拒绝和我们一起离开，视线就像粘在巧克力柜台一样，所以我们不得不把他们拖走。而情况可能更糟，他们甚至可能躺在地板上，声嘶力竭地哭吼着！当然，在那样一个瞬间，我们恨不得找个地缝钻进去，逃离开围观人群的视线。我们猜测所有围观的人的想法会是这样的："这孩子竟然表现得这样没有礼貌，没有教养，这该是多么糟糕的一个母亲啊！"不过另一方面，管教孩子是一个很烦琐的过程，如果每次执行的时候我们都做好十足的准备，那么管教孩子就会容易很多。比如当我们休息时、心情好的时候或者当我们有时间的时候。可不幸的是，这种情况基本是不存在的。因为我们最有机会管教孩子的时候都是在完全不同的情况下，比如在拥挤的超市或者公园，或者在他们上床睡觉之前，我们很疲累很紧张的时候，或者在我们正在驾车而无暇顾及的时候。

最好是我们可以简单地跳过立规矩的任务。可我们能吗？哎，我们很难跳过这个过程！

目录 CONTENTS

规矩重要吗？

如果忽略掉立规矩这一过程多么烦琐，多么令人讨厌，我们确实可以认识到立规矩对我们孩子本身发展来说的确特别重要。为了让孩子们有一天可以成为一个成熟的、负责的、品行端正的人，管教孩子是我们要做的所有事情中特别重要的一部分。

当然这也是大多数的父母努力完成的一个目标。

然而，重要的是父母首先要明确什么样的行为是立规矩，哪些行为并不是立规矩。

首先我们谈谈不是立规矩的行为。

1. 惩罚。

惩罚只能表明孩子的某个意图是可能实现的，并且只有有恶意的孩子才应该受到惩罚。如果宝宝想让你买一个玩具车而你立刻告诉他你不会买下，孩子不会呜咽，因为他知道呜咽并不能改变什么。而且如果孩子真的哭闹也不是因为他是恶意地想要烦烦你，孩子只是单纯地想要一个玩具车，他会努力寻求到一个最有效果的方式去得到。

2. 给孩子不必要的挫折。

作为父母，我们最重要的任务之一是以一种适当的方式去给我们的孩子一点“挫折”，我们可以对孩子们规定哪些行为是可以被允许、被接受的，哪些是不可以的。我们不能允许孩子以一种完全的、他希望的方式任意而为。

3. 过度的努力。

说句实话，管教孩子是非常烦琐的。但这决不是一个充分的理由让我们放弃管教孩子。当然也有一个好消息：在孩子成长的过程中，管教孩子的需求会逐渐降低。因为对于一个在起始阶段就立好规矩的孩子来说，去接受一个新的规矩会更容易一些。

4. 证明谁是老大。

我们是父母，所以在经济上支持关怀我们的家人是我们的责任。然而我们也有责任去界定（在我们自己看来）什么是可行的、什么是不可行的。这是一个简单的事实，我们不需要去向任何人证明。

5. 发脾气。

有些时候我们需要冲别人吼吼发发脾气，这是完全可以理解的。但是决不能因为我们不能对着老板或者工作伙伴吼叫就转而去对着孩子吼。这样做，只会让孩子感到困惑，会伤害到孩子，而我们和老板或者工作伙伴之间存在的那些问题也不会得到任何解决。

6. 给好与坏贴标签。

孩子可能因为很多原因而表现得不好、不礼貌，可能因为他们想要什么东西，可能因为他们很累，也可能只是因为他们不知道在既定的情境下怎么用更好的方式去表现，但永远不是因为他们不好，或者说因为他们很坏。

列举了哪些行为不是立规矩，那么哪些是立规矩的行为呢？

立规矩就是去教育孩子哪些行为方式是可接受的，哪些不是。并且让他们知道不同的行为会有不同的后果。

为了让孩子能够表现得如一个社会人，我们必须使他们逐渐克服自我关注以及只满足自己要求的心理，开始学会尊重他人，尊重社会中存在的社会准则。这样不仅能让他们掌握社会技巧，而且也能更好地发展自己的个性。

如果我们忽视了给孩子立规矩，那么在很大程度上讲，我们会减损孩子在任何一个社会环境（幼儿园、学校、工作环境等）中的适应能力。孩子们不会在责怪别人（疏忽大意的幼儿园老师，不负责任的教授，或者是傲慢的小伙伴）的过程中得到任何好处，相反地，他们只会在这些过程中受到伤害。因为这些似乎意味着其他所有人都要去改变，除了孩子自己本身。而这种情况却是不可能的。对于不同的社会环境，较差的适应能力常常会导致一些不良的适应行为，随着时间推移会导致行为异常，比如难以控制自己的冲动情绪，发展成不同类型的性格障碍，如依赖性人格特性、情绪不稳定、心理病态人格、社会病态人格等。这些不良行为还会导致孩子出现成瘾症，比如吸毒

或嗜酒。这听上去可一点也不好。但是，不幸的是，情况确实可能会是这样。对于以上列举的这些异常症状都不是突然出现的，而恰恰相反，这些都是经过很多年的时间慢慢形成的。

如果我们疏忽了对这些警示信息的及时反馈，就很可能失去了对于已经造成的伤害的补救过程。异常症状形成的时间越长，之后的补救过程就会越困难。更不必说从一开始就避免是一件更容易的事。

幸运的是，父母的手中就有一些为孩子情绪稳定和良好的适应能力而奋斗的工具：无条件的爱和立好的规矩。

父辈的"好"方法

说真的，为什么要改掉老方法呢？我们的父辈教育我们时奉行的是"省了棍子，惯了孩子"的思想。在那个年代，如若我们表现得不尽如人意，那基本上会在角落里被罚站几个小时。我们又有什么问题呢？

也许我们并没什么问题，又也许我们并不是那么糟糕，但是有些时候我们也会问问自己：如果当时没有挨过耳光，没有罚站或是罚跪，是不是我们也会变得更好，好到更加自信更加令人满意呢？

你会喂四个月大的孩子绿豆汤吗？你会用布裹紧宝宝束缚住孩子的腿吗？虽然这些都是我们的父母甚至祖父母做过的事情，但我还是对这样的做法表示怀疑。既然我们学习了这么多年的科学知识，那么根据我们的学识和经验去发展一些更好的、更有利于孩子身心健康的方法不是很重要吗？让我们来看看过去那些所谓的"好"方法究竟是为什么不好的。

打屁股

直至目前为止，打屁股仍然是最为流行的一种惩罚方式，也一直被誉为是培养孩子最有效的方法。幸运的是时代在改变，我们开始逐渐明白棍棒政策并不能成就孩子的未来，最多只能用来辅助教育孩子。

好的方面

相对有效的方式。说实话，短期功效只能是在你在场的时候，为了有效也要及时加大力度。

坏的方面

被打屁股的孩子会认为“算账”时体罚方式是可接受的，所以他们会频繁地采取一两种可行的行为模式。第一个模式是孩子会表现得像一个侵略者，他们会在任何自己认为合适的时候（比如他们开始变强壮的时候）去打周围所有的人。慢慢地，他们可能会如此对待幼儿园里的小朋友、学校里的同学，到后来是工作伙伴、他们的小孩甚至是你自己。总之他可能会这样对待所有人。当然，这样的孩子在适应环境的问题上会有更多严重的问题。第二个模式是孩子有可能有自己就是受害者的心理。随着孩子的成长，他们会认为别的小朋友、将来的同事、一些所谓的“朋友”、老板欺负自己羞辱自己都是很正常的。

结论

打屁股只是一种有侵略性的成效不足的方法。这只是一种相当原始的方法，因为这种方式不过证明了使用者贫乏的交流能力和贫乏的社会化技能。

当然，孩子有没有过被打屁股，站几次墙角，或经常被打这些惩罚方式是有很大不同的。孩子被打屁股的次数直接和孩子所受的伤害总数成正比：孩子被打屁股的次数越多，情绪发

展的修复过程遇到的困难就越多越严重，孩子出现情绪问题或者异常行为的概率也越大。要记住，任何方式的体罚，虽然在后果上效果不同，但都存有同样的信息：去打弱者的屁股是可以被接受的。然而这样的一个信息确确实实是不可以被接受的！

取笑或羞辱孩子

有些时候我们可能会对孩子说："你哭起来的时候丑死了，所有人都在嘲笑你！"或者"这么大的女孩子了还像小婴儿一样尿裤子！哎哟！你闻起来臭死了！"当然，我们在说的时候并不是有心去羞辱孩子，但是我们确确实实地说了这样的话。

好的方面

这个方法会有效果，比如孩子会停止这些不尽如人意的行为。

坏的方面

尽管通过这个方式，我们会短期达到羞辱的目的，孩子们可能会尽力去按我们要求的去做。然而长远看来，我们却大错特错。嘲笑或者羞辱孩子只会让孩子感觉很糟糕，久而久之，我们会大大地打击到孩子的自尊，击垮孩子的信心。

这些并不能让我们更好地解决问题，相反会让我们离问题的源头越来越远。

让孩子罚站罚跪，或者孩子尿床了就惩罚孩子，或体罚和心理羞辱的结合，其实诸如此类的惩罚方法，我们应该想都不想，讲也不讲。这些所谓的方法根本就不该是处罚措施，而却在当今社会中被广泛滥用。

结论

嘲笑或羞辱的方法并不是一种有效的方法，并且从长远来看，这个方法带来的伤害远远大于好处。

教育孩子的时候要注意，有一些言辞是我们应该避免的，比如：“你这样闹起来丢死人了！”或者“你这样哭太让我丢脸了！”而且我们也要保护孩子不让身边其他的人说这样的话，包括孩子的叔叔阿姨、邻居或者身边路过的人。即使是好意，也不意味着这些人有权利随意谈论他人。孩子们会感激，并且逐渐学习保护自己。掌握保护自己这项重要的生存技能对孩子来说是十分有用的。

冷落不理

你可以对孩子的不恰当行为置之不理，慢慢你就会发现，即使这个方法短期内是有效果的，但是这个效果不会超过几分钟。有些家长，尤其是不接受体罚形式的家长会采取置之不理的态度，这一情况并不罕见。这些家长不去和孩子交流，就好像孩子是不存在的。

好的方面

这种方法对于孩子停止这些不恰当行为还是有效果的。

坏的方面

尽管孩子最初看上去并没有过分情绪，不会有那么强烈的攻击性，但是这些惩罚措施也会给孩子带来巨大的伤害，这样会伤害到孩子的情绪。可以说，在某个场合里，对孩子来说，父母打一个耳光啊、吼一吼啊或是来点体罚去阻止自己的行为会比让孩子觉得父母视其为隐形的更好过一些。情绪上的冷漠、远离、忽视或者沉默其实恰恰是最严酷的惩罚方式之一，因为孩子就此得到的信息是："自己似乎是不存在的，自己其实是不重要的！”虽然我们做父母的这样做的初衷并非如此。我们都知道，对于一个孩子来说，父母是这个世界上最重要的人，然而如果孩子在很大程度上开始认为自己对父母来说并不重要，那么毫无疑问，这样的想法会让孩子对自己不再有信心，开始变得消极绝望。

结论

即使置之不理能够在短期内取到一定的效果，孩子的表现会变得好一点，然而长远来看，这样的方式带来的后果是不好的。

父母倾向于采取这样的措施对孩子的情绪发展来说会带来巨大的伤害，因为这样的孩子会在未来的发展中产生压抑的倾向。这是因为孩子在成长过程中没有足够的自尊心和自信心，并且社会适应能力也很薄弱。更不用说父母给孩子带来的情感冷漠会使父母和孩子之间关系变得冷漠淡薄，孩子对父母的信任也会更少。

为什么说教无效？

有些年轻的父母认为体罚或者置之不理对孩子来说都是有害无益的，他们因此转向用说教去给孩子立规矩。说教是很重要的，然而在某些场合中，这个方式却显得完全无用。

有一个三岁的孩子彼得，一次他和妈妈生气，为了想要得到的东西向妈妈大发脾气，当时是十一月份，天气十分寒冷，彼得就在外面地板上脱掉了夹克打滚、吼叫。妈妈试图让他起来，并且一直试图对孩子讲道理，态度也并不十分果断坚决。孩子当然对此毫无反应。

还有十四岁的孩子伊西朵拉，天知道有多少次了，这孩子从不按约定好的时间回家。爸爸妈妈无数次地对她讲遵守约定是多么重要的一件事、她的行为是多么多么的不恰当、爸爸妈妈有多担心，然而在

父母说教的时候，孩子看上去好像在认真地听，看上去好像多么抱歉，可事实上，在那时那刻，伊西朵拉满脑子想的不过是在睡前要吃什么餐点而已。

好的方面

说教是一个没有攻击性的非激烈的方法，能够让孩子和父母间有更多的信任和亲昵。如果孩子超过七岁了，或者他们违抗的行为减少了，说教会取得一种长期的效果。

坏的方面

当孩子的行为把父母都要逼疯了的时候，比如当小孩子大发脾气的时候，到处打人的时候，或者大孩子始终表现得很不礼貌很不适宜的时候，说教真是一种毫无成效的方法。

结论

在父母最焦头烂额的时候，说教绝对是一个成效不足的方法。尽管在说教过程中，家长耗费了唇舌，耗费了精力，然而想要让孩子行为得当，说教也不会得到期望的成功。原因有二：一是在孩子发脾气的时候是不会也不愿意去听父母说教的，尤其是父母在说教后并没有采取什么具体的措施让孩子对自己的行为后果真的有所认知；二是说教不过就是简简单单的说，话说出来了就算了，并不会让孩子的表现有实质性的进步。话虽如此，我们作为父母还是不能轻易放弃说教这个方法去给孩子立规矩。

那么说教要怎么执行才能更有效果呢？

- 在所有不需要直接管教的场合，也就是平时孩子表现得体的时候，我们可以和孩子聊天说教，完全让孩子明确我们希望孩子怎样做以及我们为什么希望孩子那样做。这样我们能给孩子一个自己给自己做决定的机会，同时培养孩子的责任感。

- 在孩子表现不好之后，我们要教育孩子，这时我们要和孩子讲当时的场景下我们希望孩子达到的目标。

- 在孩子很小的时候就要让孩子学会礼貌用语，诸如“请”“谢谢”等。要给孩子解释这些礼貌用语能够展现出你对别人的尊敬。在最开始可能孩子眼中这不过像一个游戏一般，然而逐渐地，孩子会意识到与人为善是多么重要！当然不用特别强硬地让孩子去做，这样会让孩子像机器一样重复这么几个字，他们也不会真正理解。而我们父母在和孩子说话的时候，一定也不要忘记这些礼貌用语哦！

要鼓励我们的孩子富有同情心。讲述一些日常的场景，教会孩子去体贴爱护别人。如果你的孩子和他的小伙伴们都不想让一个新来的小朋友加入游戏，要记得这样告诉孩子："看见了吗？马泰亚不能加入游戏他有多伤心！如果其他小朋友不让你一起玩你会有什么感受呢？"如果孩子能够设身处地为别人着想，他就会逐渐有意识，能认识到别人的感受，这样会逐渐增强孩子的社会交往能力，这在一生中都会让孩子大获裨益！

给孩子讲童话故事和寓言故事：《白雪公主和七个小矮人》《小红帽》《灰姑娘》《三只小猪》《蝗虫和蚂蚁》等。童话故事和寓言故事能够培养孩子正确的道德观：善良、高尚、真诚、同情这些都是能够战胜邪恶的美德！我们可以发挥想象地给孩子讲，不一定非要读故事书，我们也可以在讲故事时用不同的语气语调，尤其在对孩子重要的地方加强语气！

我们要经常地、公开地和孩子说教交流，不要只讲关于某些特定的场合的话题，或者专门针对某些问题，而且要经常对孩子讲那些能够受用一生的道理。孩子会很享受这个时光，我们也会！孩子能在跟我们交流的过程中培养安全感，会和我们更加亲昵，也会更加融洽地去适应社会，支持他人。

总结起来说，在管教孩子之后对孩子进行说教是很重要的。但是一定要记住：如果此时此景下必须采取某种措施，一定要立刻进行，而不要采取其他方式去管教。

好规矩的先决条件

父母和孩子间的依恋

父母和孩子间的依恋是从孩子出生的那一瞬间起就产生的，而且这种依恋也是孩子个性发展的基础。

这种依恋从最根本最起始来讲是从出生时立即开始并且一直持续的几年内在妈妈和孩子间建立起来的，恕我直言，相比爸爸的影响，在最初阶段妈妈的影响要更大。后来就是爸爸的影响更加显著。正如前面所说，这种依恋在很大程度上决定了孩子的个性是如何发展的，比如说孩子会不会有情绪问题，会不会有行为异常的倾向，孩子以后对自己会有怎样的认知，他将来会不会很自信很坚定，对待别的孩子会不会很坦率，将来的生活中有压力有难题时孩子会怎样解决等等。为了孩子将来的性格发展，我们做父母的要在孩子三到四岁前努力打好基础。当然这个任务也不是仅仅这么几年就完成了，其实这其中我们犯下的错误或者遗留的问题会让我们用一生去解决。如果我们时刻做好准备去改变，我们留下的任何潜在问题都会被解决，而这样做我们也可以为孩子和自己找到更好的解决途径。我猜想，既然我们会拿起这本书细细品读，就说明了我们对此一定是有意解决的。

怎样建立良好的依恋关系？

虽然我们试图“教育”孩子不能“娇气”，但我们也不能放任新生宝宝放声大哭。

当你听到一个婴儿高声啼哭时，你的直觉会告诉你什么？把孩子抱到怀里。不要浪费时间去想“我该不该抱抱他呢？”“我会不会宠坏他呢？”“我们不能允许孩子这样哭着操控我们！”等等。就简单地赶快把孩子抱起来吧！

学会去认识到婴儿的需求，学会去满足婴儿的需求。

婴儿的语言就是啼哭，我们要学习这门语言，并且要把重点放在去认识并且满足宝宝的需求。要记住，新生宝宝的需求不仅仅是渴了或者饿了，与此同时，他们也需要被爱，需要被拥抱，需要被保护也需要安全感。当然宝宝也不会在你把他抱起来的时候马上停止哭泣，我们也不会每次在他们哭了的时候能够哄好他们。但是，如果你的态度是“我

不想这个小婴孩就这么天天通过啼哭控制我”，或者你只是想着“这孩子就是渴了饿了，没什么事情，我不能宠坏了他”，你这样做就和你把他抱在怀里去哄他去了解他的需求的做法大相径庭。有的时候，无论你做什么孩子也不会停止啼哭，但是我们的不同做法也是有着本质的区别的。

抱起宝宝。

我们可能经常听到有的父母会说：“只要我把宝宝抱起来，他立马就不哭。”这种情况并不是偶然的。宝宝需要和爸爸妈妈有直接的身体接触，而满足这一需求的最简单的方法就是抱着宝宝。不要担心孩子会因此而习惯一直在你的怀里，直到孩子长大后也时刻想要你的抱抱。恰恰相反，经常被爸爸妈妈抱在怀里的小孩长大后并不会一直念着父母，但是这样的宝宝长大后会更加自信、更加自立。但是请记住：尽量避免在哄宝宝睡觉的时候一直抱着他们，这样会养成他们将来不好的睡觉习惯。在宝宝有困意的时候把他们放在床上就好。

和宝宝一起玩耍。

当和宝宝一起玩的时候，我们会和宝宝一起收获很多的乐趣。这样做，我们会给宝宝传递这样一个信息："宝宝对妈妈来说特别重要！妈妈特别爱你！"而我们和宝宝一起玩耍时培育出来的幽默会在立规矩时特别有帮助。我们必须知道，用欢乐和玩耍制造的规矩要远比生气严肃时制造的规矩更有效果。经常充斥着欢声笑语的家庭里，问题和困境也会更容易解决，对孩子的管教问题也变得容易很多。

指导宝宝。

在宝宝遇到新的难题时，要通过指导宝宝去提供给他更好的解决问题的方案。我们要做孩子的支持者，做孩子的正能量来源。我们要寻求一些有效的正确的措施：有些时候我们可以适当和孩子保持一些距离，让孩子能够更独立地去解决问题；有时候需要我们去伸出援手，给孩子支持和建议。这样也会培养我们跟孩子之间的相互信任。

尽管孩子和孩子之间也跟我们成年人一样是不同的，但是和父母依恋关系好的孩子和另一些和父母依恋关系一般的孩子也是有很明显区别的。区别如下：

	和父母依恋关系好的孩子	和父母依恋关系一般的孩子

和同龄人的关系	友善、坦率、善于交流、乐于分享 能够和同龄人建立亲密的友谊	冲动、自私、有操控心理、有成为排挤者或是受害者的倾向、自闭孤僻、沉默寡言
和成年人的关系	坦率、期待帮助、自信、更容易产生目光接触	不信任他人、明显地在长辈面前不自信、 避免和长辈之间目光接触
同感能力	感知力强、乐于助人、做决定时能考虑他人	感知力弱、自私
解决问题的能力	坚定果决、积极向上、不易因挫折崩溃	轻易放弃、容易被挫折击垮、消极
自信程度	自信心强、孩子在自我评估中比较理性	缺乏自信心
表达感情的能力	能够适当坦诚、友好亲和	压抑感情、对愤怒控制力差、不能适当表达感情：或者过分表达或者过分压抑
正义感	能在内心感受善恶、在自己做了不恰当事情时能表现出自责	对善恶感受不清晰、做了不恰当事情时没有自责或抱歉的表现

成年后	成熟，和伴侣或朋友的关系稳定和谐	不成熟、缺乏信心、和朋友伴侣间关系令人不满意、有行为异常或者情绪问题倾向

为什么和父母有良好的依恋关系是立规矩的前提条件？

为什么对有些孩子来说立规矩是件很容易的事情，对有些孩子来说这件事就那么困难？在孩子需要管教时父母如何处理、如何对待孩子的方式会产生怎样不同的效果？父母怎样处理是会产生效果的，并且是很大的效果？和父母能保持良好依恋关系的孩子在管教时比那些不能和父母保持良好依恋关系的孩子要容易得多。这里有两个最基本的原因：那些和父母保持良好依恋关系的孩子情绪稳定以及这些父母对孩子有更好的认识。

情绪稳定

和父母保持良好依恋关系的孩子能够更加自信，情绪更加平和并且能够有自己的一套合适的价值观念。情绪稳定的孩子能更好地被立规矩，原因很简单：对这些孩子来说，规矩公正且唯一。对他们来说立规矩就是父母向其展示的可以接受的行为和不可以接受的行为，以及这些行为可能带来的后果，再无其他。而对那些和父母关系一般的孩子来说，管教约束这一行为能够触发更多更复杂的机制：这其中可能包含爱恨、接受或是拒绝以及操控，因此对他们来说立规矩是一件更难更复杂的事情。除此之外，这些会给孩子和父母都带来挫败感。和父母依恋关系贫乏的孩子我们更愿意称其为"复杂儿童"，这些"复杂儿童"更易于出现难以预测的或者是极端的反应。在一些相似的场合中他们可能会自闭或者退缩，而下一次他们又可能变得急躁，继而号啕大哭。

这种不可预测性会让立规矩这件事情难上加难。

对于那些和父母保持良好依恋关系的孩子，他们会更加自信，这也源于他们和父母之间已经建立了深深的信任。在宝宝时期父母对孩子需求的认识和满足已经给孩子上了关于信任的最初的也是最宝贵的一课。宝宝在最初就明白了自己的重要位置，明白了父母是可以信任的人。

情绪稳定源自于父母对孩子的适当的亲近，也会是孩子一生中最强大的最宝贵的人生资本。

对宝宝的认识

通过最初对宝宝需求的认识和满足，父母开始学会了真正地了解孩子，而这也给立规矩树立了一个良好的前提。为了能够成功地立好规矩，首先父母要真正地了解孩子。我们要知道，孩子为什么生气，怎么做能让孩子冷静下来，孩子为什么害怕，孩子在某个场合中会如何应对，什么样的规矩孩子表现得最好……而这些认知都会明显地提高规矩的有效性。我们可以阻止或者减轻可能刺激到孩子去制造问题的情境，比如，内纳德对别人的取笑十分敏感，别人的取笑对内纳德来说更像是在西班牙斗牛面前挥舞一块红布一般，内纳德对此会产生愤怒的回应。多亏他的妈妈知道这一点，只要她注意到有人触犯了雷区取笑了内纳德，他的妈妈会立刻说一些缓和的话或是提供一个合理的解释或者干脆转移一下话题去避免内纳德和别人吵架或是打斗。这样做能够减少伤害，而随着时间迁移，这种伤害的"频繁降低"能够使内纳德减少暴力行为并且减缓他对这类取笑的反应。

当然，对孩子的认识并不仅仅局限于最初几年，并且这种认识也不是固定于要在每天特定时间去观察。甚至一些小小的提示，诸如"我们坐下来谈谈吧"都有可能使一个青少年时期的儿童"寒毛大颤"继而封闭自己。而且对孩子的观察并不是简单的共处一室，因为如果我们共处一室是远远不够的。试想你们都在一个房间

里，可你坐在桌前玩电脑，孩子坐在沙发看电视，你们一天一天地共处一室却忽视彼此，你也什么都观察不到，你对孩子也仍会是一无所知。然而，共进午餐时间可能很短，可这短短的时间也是足够的，你们一起交流新闻轶事，问问孩子他最近怎么样，他的朋友都是什么样子的，学校里有什么新鲜事可以分享，这真的就足够了。或是你们一起驾车外出时，这也可能是你们交流的好时机（这大概适用于八九岁以上的孩子）。

听听孩子们对他们的朋友或熟人的行为是如何评价的。即使你可能对这个张三或是李四的生活根本就不感兴趣，即使你压根就不认识孩子口中的这个朋友，然而听听孩子口中的这些故事是十分有意义的。听孩子怎么说就能更多地了解孩子的想法，了解到孩子的价值观，了解到孩子和朋友间是怎样的一种友谊。当然，根据你听到的内容，你也可以对张三或者李四的行为发表自己的意见以及看法，这样可以给孩子一个更宽的思路，并且和孩子交流意见。

你能够坦诚地接受处理孩子给你的信息是很重要的。这样父母可以逐渐为孩子保持更敏感的神经线，在孩子改变或成长的过程中，父母就能更加清楚地意识到孩子有什么样的改变，能及时地认识到孩子有什么困难，并且在孩子出现问题前及时地帮助孩子解决问题。

父母的行为规范

无论做父母的决定采取哪些措施去管教孩子，如果父母表现不当，那么这个规矩也就不能成功地树立了。那么，在开始立规矩前我们首先要记住什么呢？

立规矩前：

有一个现实的期望值。

有些时候问题的出现恰恰是因为实际与我们对孩子的期望值不符。在向孩子声明某种行为是不恰当的或者在开始立规矩之前，首先要站在孩子的角度仔细地考虑一下：孩子的这种行为在他们的这个年纪、性格以及当时的环境来看真的是不恰当的吗？举个例子，如果你期望一个十岁的孩子在八点钟就上床睡觉，无论你多么坚持这项规定，甚至每天晚上都要筋疲力尽地和孩子因此对抗，可这项规矩却依旧是非常难执行的。因为要求一个十岁的孩子在八点钟这么早就上床睡觉本身就是不现实的。

避免问题出现。

饥饿、疲劳以及烦闷，这些都会是孩子易怒的导火索。有时候孩子有一些无法让人忍受的行为基本上都是因为他们饿了或是困了。如果我们要带着孩子长途旅行，一定记得随身带上足够

的小食品还有一些便于携带的小玩具，在旅程中多停车几次抱着孩子下去转转看看风景，这些简单的举动能在很大程度上避免孩子在旅程中开始吵闹。如果我们父母做得很好，这些问题都是可以避免的。

我们也可以不带宝宝出门购物。因为我们不希望在我们忙于购物的时候还要照顾为了要玩具而哭

闹的宝宝，这样一天下来，我们自己也很累，更重要的是我们也很难买到需要的东西。因此，最简单的方法就是把宝宝放在家里。想要给孩子立这个规矩有很多场合很多机会，不必急于一时。

和伴侣间要保持一致统一的态度。

如果爸爸妈妈间的配合不默契，那么也没什么比这更能破坏我们立下的规矩了。即使父母不用语言去表达两人之间不一样的态度，孩子也能精确地感知到父母之间不同的意见。如果他们知道父母间不一致，父母也很难立下规矩了。父母之间态度的不一致能够给孩子提供翻盘的最佳机会，一般出于本能，孩子会在这种局面下“受益”。所以在我们管教孩子前，一定要和伴侣间达成一致统一的态度。

在立规矩时：

规矩要清晰。

一定要让孩子清楚地知道他们可以做什么，不可以做什么。当然在这之前，作为父母，我们一定也要清楚自己的想法。比如，如果我们直接对孩子说“去打扫房间”，莫不如我们可以这样告诉孩子：“我希望你能去整理好自己的衣服，把脏

衣服放在盥洗室里，把干净衣服收到柜子里。并且你要去整理好自己的床褥。”这样说孩子会更理解，更明白。当然，几次之后你也可以精简这句话，直接简单地说出“去打扫房间”，但在这之前，你一定要让孩子明白怎么做才算是“打扫房间”。除此之外，在我们要求孩子做事之前也一定要让孩子清楚地知道他们该做些什么，同时也要让他们知道这样做了之后的结果是什么。比如，“宝宝，你去把玩具收好，我们就可以去公园了。”如果孩子没有做，我们可以警告孩子：“宝宝，你被减了一分……减两分……好，你现在一周都不可以出门了。”

规矩要简洁。

如果想让孩子按我们的要求做，我们首先要明白自己的要求是什么。我们有时会有这样的感受：有个人絮絮叨叨地给我们讲事情，说的又长又啰嗦，没一会，这人说的话就像一个苍蝇嗡嗡嗡的叫声，我们就开始听不见他说的是什么了。孩子有时候也是会这样的。如果我们想让孩子认真听话，就要把规矩清晰简洁地说出来。第一次说的时候语气要平和，第二次说的时候要把音调提高，然后就不再啰嗦。没有什么比妈妈不停地唠叨“我们走吧，我们走吧……”更无意义的了。如果妈妈在不停地重复一句话，也许孩子早就已经不听了。

立规矩时要避免不必要的麻烦。

当我们给孩子制定界限的时候，不要把逻辑推理排除掉。有一位十一岁的小朋友伊凡正坐在高脚椅上舔一把刀，这个刀虽然不太锋利，但毕竟还是一把刀。他的父母只是看着，并没有对此有所反应，而是用了十分钟的时间去跟友人解释：“孩子必须得学会什么是危险的，什么不是，他们需要自己学清楚。我们不想束缚孩子，因为他必须要自己掌握。”其实这么做莫不如问问自己“孩子舔一把刀好吗？不好！”那么，直接把孩子手中的刀拿走，告诉孩子：“这样很危险，你可能伤到自己！”OK了！我们不需要在每一个决定前都做一些莫名的计算，尤其是这种完全没有理由的事！

要持之以恒，且不能轻易变换标准。

父母不能这次惩罚了孩子的某种行为，下次同样一件事情时却置之不理甚至又变为支持。举个例子，比如五岁的宝宝骂人了，我们不能第一次笑了，第二次却因此惩罚他。当然，要做到始终如一并不容易，或者某个场合你对孩子的行为无动于衷也不会有什么大问题，我们也都遇到过这种情况。但是，我们要记住，保持标准一致是十分必要的，要尽量避免我们由着自己的情绪去管教孩子，而是根据孩子的行为去教育。

管教孩子时注意要目光接触。

在孩子直视我们之前不要说任何话，不要开始教育；不要在孩子背对自己时长篇大论地教育孩子。必要时候，蹲下身去和孩子同高，用手扶着孩子，让孩子转身面向自己。不要咄咄逼人地对着孩子，孩子会因此恐慌，只要和孩子保持目光接触并且和孩子保持一个适当的距离就足够了。也不要在房间远处冲着孩子吼叫。

不要打骂孩子、侮辱孩子或是威胁孩子。

我们前面讲述过打屁股给孩子带来的伤害，与此类似的威胁方式不仅是毫无用处的，而且会在长期过程中造成不同形式的伤害。要记住，我们的目的不是惩罚，而是教会孩子如何为人处世。父母所做的任何攻击性的激烈的行为都会偏离自己的目标，也会使父母和孩子之间的关系越来越复杂。更长远来说，在将来孩子也可能有更多的抵抗，对父母的理解也会减少。

不要对孩子喊，也不要用威胁的语气和孩子讲话。

尽管我们在管教孩子时经常会提高声音讲话，但其实这完全是没有必要的。如果父母对孩子喊，或是用威胁的方式对待孩子，父母的这些愤怒就会吓坏孩子。我们的目的当然不是吓到孩子，而是让他们能够按规矩去做事。但总会有那么多的场景使孩子处于危险之中。比如说，如果孩子

朝街上跑去，你可能用最高的分贝去喊：“停下来！”当然，在这些场合我们可以很急切，这时候你的声调听上去十分尖锐也不会显得很可怕。只是要在平时控制，避免经常喊叫。有些时候我们可能也会意识到，父母比较平和地教育孩子，孩子也会比较乐于听话，乐于配合。

立规矩时语气不能优柔寡断。

尽管我们没必要去高声喊叫，可如果我们说“马上过来”的时候一定不能和说“我们去吃个冰激凌吧”的语气相同。当我们教育孩子的时候，一定要通过语调和态度告诉孩子我们是严肃的。因此，对孩子说话时的语气和方式应该传达出“爸爸妈妈是当真的”这样的信息。只有这样，孩子才会认真地去对待。

对事不对人。

同样的一件事，如果你说“你这样取笑塔尼亚是不是很不友好？她现在很难过呢！如果别人取笑你，你是不是也会很难过？”是不是要比你斥责孩子“你怎么这么讨厌啊！”要好得多呢？如果我们给孩子贴上“自私”“虚伪”“傲慢无礼”“霸道冲动”等诸如此类的标签，孩子也不会如我们期望般去好好表现。相反，这只会让我们与管教孩子的目标越来越远。比如我们做了些错事，撒谎或者搬弄是非，这能说明我们就是一个坏人了吗？当然不能！无论对于我们做父母的来说，还是对于孩子来说，很多行为虽然是不恰当的，但这也远不能将一个人定义为无礼冲动的坏人！

多用“我”字开头说自己的感受，不要用“你”字开头去指责孩子。

不要用“你”字开头去指责孩子，比如“你真是又自私又傲慢！”。相反，我们可以用“我”开头说说自己什么感受，“当我看到你不遵守我们约定的时候，我真是又难过又失望！”

用“你”字开头的指责不会带来好的令人满意的结果，比如我们常说的“你真是自私，只考虑自己”，这样的话对孩子来说像是一种攻击，只会激发孩子的反抗行为。这种信息不如用“我”字开头传达的信息更委婉。但是也有一些场合不适合用“我”字开头的话语，比如当孩子有危险时，我们只是单纯地喊“快停下！”，或者看到孩子打别的小朋友时我们马上制止“不行！”。这之后我们再去管教孩子，告诉他们为什么这些事情肯定不能做。

给孩子提供选择。

只要有可能，就让孩子在可接受的恰当的行为中自己选择。“妈妈在休息，现在不想让你声响太大打扰到妈妈。那你现在是想看看卡通片还是看看新买回来的故事书啊？”如果我们经常给孩子选择的机会，孩子就会更容易接受这样的行为。那么，立规矩对孩子或是对我们

来说也就不那么痛苦了！

别忘了让孩子自己对自己的行为有所补救。

尽可能在我们管教孩子时，让孩子能对自己的行为有所补救。比如孩子满屋乱扔玩具，就让孩子自己把玩具收拾妥当；如果孩子冒犯到了别人，就让孩子亲自向别人道歉。这些都不该由我们父母去代替。一定要让孩子自己对自己的行为进行补救。

立规矩之后：

和孩子好好谈谈。

在我们管教孩子后，孩子们经常会觉得精神紧张或者有压力，这时候我们不妨一起坐下来，再重新聊聊刚刚这些事情，给孩子多一点解释，也多听听孩子的问题和评价。当然，这一定是在管教之后，不是在管教之前或者管教过程之中。还记得当我们还小的时候有些什么想法吗？把这些回忆和孩子一起分享。当然，这也应该是管教孩子之后的事情。如果孩子发现父母在他们那个年龄时也有些相似的问题或经历，孩子就会更容易理解他的所作所为并不是一件失败的事情，而是一件本就平常的经历，他们自己最终也会如父母一般成功地跨过去！

管教后这件事就到此为止。

有些时候对孩子管教得急切会让我们觉得好像对着孩子发动了一场战争，我们似乎又是为了战胜孩子而奋斗一样！对我们来说，停止“这场战争”似乎又很困难。请记住，在管教孩子之后，和孩子平心静气地谈一谈，我们不能再动气，不能再唠叨。这个问题过去了，我们就让它过去，到此为止，以后也不要再提。

长效的管教技巧

所谓“长效的管教技巧”，实际上根本就不能称其为技巧，而是一些培养孩子、管教孩子的方法。在我们培养孩子的这些年间，从孩子呱呱坠地到长大成人这个过程中，“个人榜样”和“表扬”都是我们“长效的管教技巧”的重中之重。管教的重要性并不在于孩子是如何表现的，而是让孩子能够习得更好的道德观念。

个人榜样

成功管教孩子，第一步也是最基本的规则就是树立一个好的个人榜样，同时这也是最重要的。身为父母，我们是如何表现的，对孩子的行为表现以及孩子的道德观念养成有着决定性的影响。

安娜是一个五岁的小女孩，她在操场上玩的时候总是会打别的小朋友。她的妈妈说：“我们也不知道对这个孩子该怎么办才好！昨天她爸爸还因为她这样打了她的屁股，可是她一转眼还是会这样做！”

姆拉登是一个十七岁的男孩，他的沉默寡言让他的妈妈十分头疼。“这孩子太内向了，从来都是什么都不说。我也不知道他有什么朋友，不知道他是不是交了女朋友……我想让他说几句话真是比登天都难！”其实，姆拉登的爸爸妈妈这么多年也不乐意与别人攀谈交流，他们生活在固定的圈子里，如非逼不得已，也很少和别人交流自己的事情和想法。

普蕾德拉格是一个十五岁的小男孩，他刚刚因为要被学校开除受到了父母的责骂，他在学校中参与了多次打架斗殴事件。他的妈妈说：“我真的不能理解，他的爸爸对他十分严格，就因为这孩子打架的事情也不知道打了他多少回了，这孩子还是没有悔改！”

从我们列举的这些简单的例子中，大家轻而易举地就能看到其中的问题所在：孩子的这些行为都是从家里“学”到的，孩子会把学到的行为用在家里或者外面。

如果家庭中经常出现打骂的现象，孩子很有可能就会学会这类行为。如果家庭成员间很少交流，那么孩子在家里甚至社会上有交流障碍也不足为奇。如果家里会经常出现不良行为爆发的事件，那么孩子也会如此这般的表现。家长若是经常咒骂，孩子肯定也会！

然而让人不解的是，父母却看不到这些事情之间的联系，而是期望孩子能比自己还成熟懂事，尤其是孩子才那么小！其实要我说，父母能这么开诚布公地说出看法，不过是因为他们实际上没发现家里也有同样的问题。如果你在孩子身上发现了特别激怒你的某种性格品质，那么你可能就要好好思考一下：是不是自己或者另一半的身上也有同样的品质？这样做并不容易，但是你实在没有必要就孩子身上这样那样的问题广而告之！

作为父母，如果我们意识到了这个问题的实质就已经足够了！如果我们自己还没意识到这其中的联系，不能从自身做起，就不可能把孩子身上的这一性格缺陷有效地改正过来。

总之，要做到以身作则。在家中或者面对孩子时，使用某种行为方式后我们能够让孩子接受这样的行为，让孩子也随之采取同样的方式。我们父母的行为方式要比我们说出的话重要得多！

比如，父母如果能够做到诚实真诚，而不是在孩子没生病的时候给孩子请个病假，或者在孩子和朋友聊完电话后去说三道四，那么孩子也会意识到父母的所作所为，孩子也会表现得很好。无论父母如何强调做人要真诚，都不如父母通过自己的言行举止去传达这样的信息更有意义，更有效果。无论是父母和孩子间，还是和其他人之间，父母时刻做到真诚这一点，孩子才能真正感觉得到。孩子的观察能力特别敏锐，对于伪善，孩子也能一眼识破。对于我们的行为举止，孩子的观察力比我们想象的要好很多。这听上去似乎很可怕，但是从某种程度上讲，孩子的这种特质使父母的教育培养更简单化，因为父母不需要就此长篇阔论，不需要绞尽脑汁地设想如何让孩子接受某种观念，父母要做的只是简单地以身作则，用我们认为重要的价值观念去生活就好。当然，没有人是完美无瑕的，很多时候我们也会做一些违背信念的事，我们也会撒谎，也会严厉，也可能会不理解别人。但是，我们不能简单地忽视这些行为，而是要告诉孩子在我们身上哪里做得不对。如果我们用这些方式针对孩子，我们就要对孩子真诚地道歉，并且在之后的生活中去避免这类问题的再次出现。

表　扬

最容易被我们忽视的，却也是最有力度的教育方式之一，名为“表扬”。

对于每一个孩子来说，父母都是这个世界上最重要的人。孩子们是十分爱爸爸妈妈的，所以他们想让父母开心也是人之常情。而表扬才是和我们培养孩子的本质最相近的元素：对于孩子值得赞美的行为举止要及时奖励，对于孩子不恰当的行为举止要及时“惩罚”。仅此而已。

对于孩子来说，最珍贵的最鼓舞人心的奖励方式莫

过于来自于父母的表扬了！试想一下，即使是成年人听到了别人的表扬也是十分雀跃的，更别说这表扬是来自一个对自己很重要的人。甚至人们会因为受到表扬而做得更好。对于孩子来说更是如此！然而，表扬的频率也不能太高，否则孩子就会习以为常，不那么在意了！

斯特凡（三岁）在房间里跑来跑去，在家具上跳来跳去，把房间弄得一团糟。他的妈妈尝试着让孩子停下来玩玩具，起初时还很有耐心，然后开始变得暴躁。最后斯特凡还是没有改变，他的妈妈干脆置之不理去做自己的事。斯特凡的妈妈没有在孩子听话时及时地表扬他。其实想要让孩子好好表现，他的妈妈本应该在他坐下来拿起玩具时好好表扬孩子一番，她本应该在那时说："斯特凡真棒！你这样乖乖玩玩具妈妈很高兴！"

对孩子的行为举止进行表扬，以下有几点建议：

要提前规定好。

对于孩子的行为举止，哪些是我们满意的，哪些是不满意的。对于我们满意的行为举止，要及时表扬、奖励以便让孩子以后加强；对于我们不满意的行为举止，一定要及时惩罚。首先我们自己要明白哪些行为是可以的哪些是不可以的，其次才是让孩子去明白，这是很重要的。这种方法对于管教孩子以及给孩子立规矩来说效果是惊人的，无论是短期效果还是长期效果。因为这种方法从根本上包含了行为规范的“教和学”。

不要把孩子好的表现视为理所应当。

对于父母来说，我们经常认为孩子的良好表现是理所应当的，所以父母的反应总是“忽略”。长此以往，孩子的这些表现方式就被忽视了，这对于孩子来说甚至是种“惩罚”。这也就是为什么我们要在孩子表现好的时候立刻去表扬他！即使孩子只是安静地坐了一会儿、安静地玩着玩具、和他的小弟弟温柔地说话、安慰一个小女孩儿、自己整理床铺或者收拾玩具。即使孩子的这些行为不是自觉的，是如上面斯特凡的例子中一样由妈妈的干涉而做到的，父母也一定要及时进行表扬。一定不要吝啬表扬，哪怕只是简单地说一句“看到你这么温柔地陪桑德拉说话玩耍，妈妈真高兴！”“谢谢宝宝帮助妈妈收拾碗筷！”“宝宝安慰安德烈亚的方式妈妈很喜欢！”诸如此类。

表扬的时候可以表达得具体一些。

比起宽泛地说“你真好！”来说，我们最好表达得更具体一些，比如“你的被子整理得真好，妈妈很高兴！”。这样你才会传达给孩子你更喜欢孩子怎么做，或者说，你注意到孩子的这种了。如果孩子认为你只是宽泛地夸了一句，或者随便地表扬了一下，他们会怀疑这个表扬的真实性，怀疑父母的真诚，这样的怀疑不无道理。在这样的具体表达的基础上，父母也可以多说一句孩子怎么做会更好，比如：“你的被子整理得真好，妈妈很高兴！你要是能把床脚的被子抻平就更好了！宝宝做得真好！”当然我们也不是一定用同样的口头方式去表扬，我们也可以给孩子留个字条，写着“厨房清理得太干净了！”，或者有时候简单地竖起大拇指也是很好的选择。

掌握好尺度：要真诚，但不能夸张。

如果父母对孩子的一个普通日常行为不假思索地一通表扬，那么表扬就失去了本身的意义，孩子也会感觉到父母的不真诚。一定要让孩子明确你表扬的本意是让孩子能够好好表现，而不是这个好的行为是需要不断地去喝彩的。当然，如果一个孩子没法安静下来，甚至不能安安静静地玩三分钟的积木，可就这一次这个孩子安静下来，玩了十分钟的玩具，那么父母一定要真诚地表扬一下。

不管孩子多大，都要表扬。

有时候我们认为一些大孩子或是青少年不需要表

扬了。恰恰相反，正是这样大年龄的孩子才会更看重表扬，也应该受到表扬，你的表扬会让孩子更好地去表现自己。“你能按照我们约定好的时间回家，妈妈很高兴！”“你和你妹妹说话的方式妈妈很喜欢，你和妹妹的亲近对妹妹来说很重要，而且你的建议对妹妹来说也非常好！”“你能用正确的方式处理你和数学老师之间的问题，这让妈妈很欣慰！在每个情景下都表现得成熟稳重并不容易，但是妈妈相信你能做好！你真的很棒！”真的，诸如此类的表扬对于一个大孩子来说十分重要！

即时的（短期的）管教技巧

所谓即时的或者短期的管教技巧指的是在父母需要立即管教孩子的情况下采用的简单有效的管教方法。比如当孩子不想离开玩具房时，或者孩子不刷牙时、不想收拾玩具时、在商场乱闹时、在公园打架时、拒绝做家务时、晚上不准时回家在外面玩时，或者推脱着不写作业时，等等。这些场合都需要家长采用一些即时的管教方式。

从根本上讲，我们将要介绍的方法包括以下这些：或者是对孩子不良行为立刻做出批评，或者是对孩子好的表现进行表扬，配合一些额外的方法，比如转移注意力。而这些做法也是给孩子一个学习的过程，孩子通过这些事情学会了什么样的行为合适，什么样的行为不合适，这些行为又都会带来哪些后果。当然，这种课程和其他的课程一样，不是一蹴而就的，也就是说，需要不断地重复才能习得。

在很多场合中，管教孩子这件事是需要短时间奏效的。尽管孩子们可能并不高兴，但是我们明白如果一味容忍，对孩子的将来会产生不好的影响。另一方面，如果我们能够容忍他们一时的不好的行为，那么长此以往，他们不仅会重复这样的行为，而且还会就此出现一些新的不恰当行为。这绝对不是我们乐于见到的事情。

从以下我们将要介绍的方法中，父母可以选择一种你认为对自己的孩子来说最有效的方法。毕竟，孩子们是千差万别的。对于这个孩子来说最有效的方法，用到别的孩子身上未必能行之有效。而且对于不同年龄的孩子，方法也一定是有差异的。比如我们下面说到的“1，2，3！”方法用于三到八岁的宝宝身上，效果会很好，可是再大一些的孩子就会认为这很幼稚了。这就意味着我们家长需要将方法变换一下，选择更适用孩子的方法。同样，父母也可以根据孩子的个性特点以及从小的培养方式进行选择。为了让孩子能够摒弃那些不好的行为习惯，我们也可以将以下方法互相融合，或者也可以自己发明一些方法，但一定要找出最适合孩子的方法。

选择性无视

适用年龄

两岁到青少年时期；尤其适用于年龄小点的孩子。

适用场合

当孩子出现一些轻微的不良行为习惯。

对于年纪小点的孩子来说，适用场合有：呜咽时、说脏话时、发牢骚时、四处乱跑但周围并没有什么危险物品时、孩子没有什么攻击性行为而只是被动性顺从时。

对于年纪稍大一点的小孩来说，适用场合有：和小朋友们发生争执时、撅嘴生气时、不断唠叨时。

如何应用？

在孩子表现不好时，我们有时采用选择性无视的方法，也就是说，对孩子的行为不予关注：

- 不对孩子行为进行评价
- 不和孩子进行目光交流
- 转过头去或是离开房间
- 建议孩子换一种方式去做
- 如果孩子立即接受了我们的建议，记得立刻表扬孩子
- 如果孩子并没有接受我们的建议，那么继续无视孩子的行为表现，直到孩子停止了这些不良的行为，立刻表扬孩子或是用某种方式奖励孩子。

实例

桑德拉（四岁）有一天十分无聊，满嘴牢骚，在房间里走来走去，偶尔转到妈妈面前去做些干扰妈妈的事

情。妈妈先是并没有理睬她，过了一会儿，妈妈给女儿提供了一个选择："嗯，你新买的积木哪去了？妈妈到处也找不到！"桑德拉立马"上当"了，跑去把新积木找了出来，拿给妈妈。妈妈又继续鼓励桑德拉："妈妈特别喜欢你昨天搭起来的小房子，你能再给妈妈搭一次吗？"桑德拉同意了。妈妈又继续表扬桑德拉："你这样乖乖地搭积木让妈妈十分高兴！我的女儿真聪明，能用积木搭这么多不同的东西！真棒！"就这样，妈妈的方法让桑德拉能变得乖乖的！

一对兄妹，萨萨（九岁）和佩塔尔（十三岁）在房间争论，继而吵了起来。他们试图让爸爸妈妈参与进来。爸爸只是说道："我觉得你们两个这么大了，不该再因为这点小事起争执了！"便转身就离开了房间，拒绝做两个小鬼的法官。慢慢地，孩子们学会了如何自己解决类似此类的争执。

这种方法的优势

选择性无视是父母第一道防线中的一种，也就是说，选择性无视其实是父母对孩子不良行为的一种简单的惩罚形式——拒绝关注孩子。有些时候，孩子会有一些异常的表现只是简单地因为他们想要吸引关注，在这种情况下，对于孩子来说，你简单批评孩子一句都好过对其不理不睬。

选择性无视是非攻击性的，但只适合短时间内使用，比如最多我们不能无视超过几分钟以上。父母对此需要清楚的是：选择性无视不代表我们真的无视孩子，而是在孩子表现不好时暂时使用，一旦孩子表现变好，我们一定立刻给予孩子关注，立刻提出表扬或者给予奖励。这样孩子才能意识到，要表现得好才能得到父母的关注。从本质上讲，选择性无视对于孩子来说应该是让其学习的过程，而不是一种惩罚。

1，2，3！

适用年龄

两至八岁

适用场合

当孩子不听话、不配合时，比如：孩子不想去刷牙、孩子不想离开玩具屋，或者当你叫孩子时他并不理会，等等。

如何应用？

第一种方法是你要变得严厉一些。当孩子不愿意合作的时候，要用另一个语调说话，让孩子知道“我不是在开玩笑！”，声音要够坚定，够洪亮；但一定不要喊。用这样的语气语调对孩子说：“我希望我数到三的时候你立刻过来：1…2…3！”

第二种方法是像和孩子玩游戏一样。如果孩子不愿意配合，对孩子说：“我打赌，我数到十的时候你一定没跑到房间呢：1…2…3…4…！”

在这两种方法中，开始数数是很重要的。但是如果孩子已经开始配合了，那么就慢下节奏去数，争取让孩子在你数完的时候已经做到，这样孩子就“赢了”。在第二种方法中，不要在数数过程中和孩子说别的话，比如“4…5…看上去你跑不到了…6…”，不要破坏这种气氛，只要数就好了！

选取哪种方法取决于哪种方法对于你的宝宝来说更为实用。也可以两种都尝试，然后再做决定。当然，只要适合，也可以两种变换使用。

实例

有一群四到七岁的小朋友正在院子里玩，到了回家吃饭的时间，爸爸妈妈们尝试说服孩子们停下游戏乖乖回家，却无济于事。其中一个爸爸提议道：“我打赌，我数到十的时候你们跑不到院子门口。1…2…3…”孩子们一窝蜂向院子门口跑去，家长们都松了一口气。

这种方法的优势

这个数数的方法对孩子来说似乎有一种神奇的魔力，这个简单的方法之于其他方法的优势是十分明显的：这个方法不粗暴，并且根据很多家长的反应来看，这个方法极其有效。

唯一的不足之处在于对于大孩子来说这一方法就没那么好的效果了。尽管如此，有时如果你语气十分坚定，对一些大孩子来说这种方式也可能成功。比如："给你十五分钟，把房间清理干净！"给孩子设定一个期限，数数或是限定时间，这样能帮助孩子规范自己的行为，能让孩子按照我们设想的行为举止去做。这当然也就是我们的目标！

转移注意力

适用年龄

两至八岁

适用场合

当孩子有一些不听话的时候，比如：呜咽，低语或者发牢骚时；孩子不想出门或者是在外面公园玩不想回家时；孩子不吃饭的时候；等等。

如何应用？

当孩子开始不听话的时候，试图让孩子把注意力放在一处，这样能够让孩子停止他的不好的表现，或者简单来说，就是转移孩子的注意力。

实例

达尼洛（五岁）每到晚上应该洗澡睡觉的时候都会制造一些问题，在桌子下面爬来爬去，和爸爸妈妈央求几分钟然后就开始放声大哭。爸爸过来问他："今天在幼儿园发生什么了？我听说你表演了一个话剧？来给爸爸讲讲都是怎么回事啊！"达尼洛的注意力被爸爸从睡觉这件事上转移开来，然后达尼洛开始绘声绘色地给爸爸讲幼儿园的事情，这时候爸爸边听达尼洛讲故事边牵着孩子的手走进了盥洗室。

塔拉（两岁半）拒绝坐在婴儿座椅上，因为她知道坐上去就意味着要从公园回家去了，所以一到这时候，塔拉就开始呜咽、抱怨。这时候，塔拉的妈妈会靠近宝宝，边手指着天，边对塔拉说："哇！看天上好多的鸟啊！它们都要去哪呢？看，那边还有一些更小的鸟，它们一定是这些大鸟的宝宝。看看，它们飞得多好！快看那一只，飞得好高啊！"这时候塔拉的注意力已经被小鸟吸引了，妈妈就轻而

易举地把她放进了婴儿座椅，高高兴兴地向家里走去。

这种方法的优势

转移注意力是一种很简单且很温和的方法。如今已经被广泛使用，而且转移注意力的方法有无数种可能，因为这是根据孩子的兴趣实现的。简单来说，孩子发现一些新的事物（比如看卡通片，或者讲讲幼儿园的趣事）会比继续哭闹更加有趣。父母引导孩子将注意力放在一个新奇的事物上对于孩子来说就好像奖励一样，当然如果这时候父母配合一个小小的表扬，可能会让孩子更听话一点。比如，对着乖乖的孩子说“妈妈觉得和你一起坐在这看卡通片好开心！”对于父母来说，孩子能一直配合自己、乖乖听话是一件十分开心的事！

“静思己过”

适用年龄

两至十岁。

适用场合

孩子出现了比较激烈的不听话的情绪，对人的行为举止也有了攻击性，开始发脾气的时候。

如何应用？

如果孩子开始不听话了，且行为举止开始变得激烈，那么警告孩子一次，再警告孩子一次，还是不见成效，就要告诉孩子："你需要'静思己过'了。"所谓"静思己过"就是类似于一种"面壁思过"，父母可以在房间的另一侧或者单独设一个小房间，放上一把椅子，让孩子自己坐在那，好好安静下来。

让孩子坐在那，直到他彻底安静下来。但需要注意的是，不要让孩子坐在那的时间过长，要知道对于孩子来说，那时候的几分钟就好像几年一样长。

还需注意的有：

- 对孩子警告的次数不要超过两次，第二次警告孩子之后立刻把孩子带去"静思己过"。

- 如果你认为孩子的行为已经很过分，不需要警告，那就直接把孩子带去"静思己过"。如果真的有这种情况，一定要在带孩子过去的过程中给孩子解释清楚原因，比如告诉孩子："你应该去静思己过，因为你打了卢卡！"

- 不要喊叫。即使我们很生气，我们也仅需要一个提高的音调就足够了，不需要喊叫。要记住，我们不是在惩罚孩子，而是在教育他们知道如果表现得不好会有什么样的后果，引导孩子去做对的事情。“自己去坐坐”也仅仅是孩子在表现不好的时候给孩子展示的一个后果而已。

- 把孩子带去“静思己过”的时候，一定要解释原因，比如：“妈妈让你坐在这是让你想想，你刚刚那么用力地拉妹妹的头发是对还是不对。”

- 最好在其他的方法措施不见效果的时候才使用“静思己过”这种方法。

- 如上所说，不要让孩子坐在那的时间过长，因为对于孩子来说，那时候的几分钟真的就好像几年一样长。对于一个三五岁的孩子来说，坐三分钟就足够了。

- 要记住，孩子在“静思己过”的时候不能玩任何东西。必须让孩子安安静静地坐在那，甚至让孩子觉得无聊更好。

- 要注意，“静思己过”的地方必须是安全的，不能有易碎等物品。孩子“静思己过”的时候不要同他讲话。如果想解释，想问话，记得在孩子坐完之后再进行。

如果“静思己过”的地方在另一个房间，而孩子想要出来，那么在门外把好门，不要让孩子出来。也不要只是锁着门，一定要让孩子知道是你把着门他才出不来的，也不要和孩子讲话，不要讨论，这些都留到之后吧！

在孩子“静思己过”之后，和孩子重申你的要求。如果孩子还是不能遵守，那再把孩子带去“静思己过”。如果是最初几次用这样的方法，我们就没必要和孩子重复这样。多次使用这个方法之后，我们会发现孩子出现相关行为的次数就会减少。

如果在外面的时候我们需要使用这个方法，那就把孩子带到一个长凳处，或者简单地把孩子带到一旁，如果孩子想要挣脱想要离开，就用双手环住孩子不让他乱动。力气不需要太大，孩子不能动就可以了。在孩子自己想好之前不要和孩子有目光接触，也不和他讲话。

- 不要让步。这个方法对孩子或是对父母来说都不是一件轻松的事，尽管这样我们也要坚持，不能让步。坚持下去，孩子的不好的行为就会减少，如果孩子习惯于去发脾气，以后孩子可能也会坚持着这样做，想想这些，我们就该做到比孩子还要坚持。

- 孩子在“静思己过”后如果表现得很好，哪怕做了一丁点的好事，也要立刻表扬他。

- 当孩子表现很好很听话的时候，向孩子解释什么是“静思己过”，如果孩子不想去“静思己过”那么他应该怎么做，孩子需要“静思己过”多长时间（父母也可以设一个闹钟，闹钟响了，就让孩子出来）。

实例

萨拉（三岁）一次在吃午饭的时候发了脾气，躺在地板上大哭大叫。她的妈妈警告她：“萨拉，停下来！”孩子仍然在发脾气。“萨拉，停下来！不然你就去‘静思己过’！”萨拉还是没有停下来，妈妈抓住孩子的手，想把她带到另一个房间里。萨拉一直在

挣脱，所以妈妈抱起萨拉，把她带到了另一个房间里。在这个房间里萨拉还是一直哭叫，直到时间结束。萨拉哭闹着想要开门出来，但是妈妈在门外抓紧房门。这期间，妈妈一句话也没对萨拉讲。在三分钟后，她才安静下来。妈妈打开房间门，对萨拉说："时间到了！"萨拉才得以离开房间。萨拉也没再哭闹，而是安静地坐在桌旁，开始吃饭。萨拉的妈妈告诉她："妈妈喜欢你不哭不闹，我们可以安安静静讲话的时候。你还饿吗？萨拉是一个好女儿，你吃完午饭，妈妈就给你拿些糖果吃！"

这种方法的优势

对于孩子的一些令我们父母失控的行为，"静思己过"这个方法是一个温和的有效的方法。我们借此也可以控制我们想要打孩子屁股的冲动。

这个方法的优势主要在于孩子能从中学会哪些行

为是不好的不恰当的，而这些不恰当的行为带来的具体后果是什么，比如短暂的“隔离”。更重要的是，在孩子“静思己过”的过程中，父母和孩子都能够冷静下来。虽然时间不长，但足够让父母找回自控能力，相信我，孩子的有些行为真的能让我们完全失去理智。当然孩子也可能在这期间找回自己行为的控制力。最后，孩子能够学会在有压力的时候，给自己片刻的冷静时间，让自己减缓精神紧张。这在孩子的成长过程中是十分有益的。除此之外，在此过程中，父母的坚持和果决也会让孩子知道，父母在设定界限，在给孩子立规矩的过程中是十分负责任的，对于孩子的一些完全不能接受的行为，父母真的会惩罚他们。尽管这对于孩子和父母来说并不是十分愉快的经历，但是适当地坚持和使用这一个方法迅速让孩子意识到哪些行为是要受到惩罚的，孩子会因此学会更多。当然，这个方法不能特别频繁地使用。

贴纸板

适用年龄

三至十岁；其中有些变化方法可适用于青少年。

适用场合

当小孩子一直都不听话的时候，但其中有那么一次不是很过分，比如：孩子在家里或者外面不听话坐立不安的时候；或者大孩子也总是不听话的时候，比如：不完成作业或者不做家务的时候。

如何应用？

在一个板上或者一张大大的纸张上画一个表格，在表格里列好每天每周每月的条目，（如果可以，也可以把每天分成两到三个条目。）买一些小贴纸或者在每个格子里画上图案：在孩子表现好的时候可以用花朵啊太阳啊这类的图案，在孩子不听话的时候可以用一个悲伤

的表情图案。和孩子定好规矩，达成协议：如果表现好的贴纸达到一定的数目，可以给孩子小小的奖励，比如买给他喜欢的玩具。同理，如果悲伤的表情图案达到一定数目，就要让孩子在某段时间里失去一些特权。

这一方法的使用需要注意以下几点：

和孩子一起动手做这个板子。让孩子能够参与到制作当中，用一些彩色的笔，和孩子一起挑选贴纸。

一定要让孩子清楚，什么样的行为是好的，或者不一样的行为会得到不同的评价。举个例子，当孩子和我们一起去购物的时候，如果孩子听话，一直在我们身边，不在商场里四处跑动，那么他回到家里就可以得到一张笑脸，反之，如果孩子表现得不好，他就会得到一个小哭脸。

如果孩子表现得不好，那么在给孩子贴小哭脸以前可以先提出一次警告："如果你还这样，我就在板上给你贴小哭脸了！"如果孩子继续这样，就贴上去好了！

当孩子表现很好的时候，要表扬孩子："我们在商场的时候，宝宝一直乖乖地和妈妈在一起，妈妈很高兴！宝宝表现得这么好，妈妈要给宝宝贴上一朵小花。”

要当着孩子的面给孩子贴纸或画图案。要在孩子表现得好或不好的时候立刻去做。如果还在外面，就把贴纸先贴在孩子的手上，回到家以后，把手上的贴纸取下来，立刻贴到板上。

孩子需要明确地知道，如果板上的贴纸到了一定数目的时候他能得到什么。比如，板上有了五朵小花，孩子就可以去游乐园骑一次自行车。当然，奖励的数目应该有挑战性，有鼓舞性，两朵小花就奖励就显得太容易了一些！但是数目也不能太大，让孩子觉得很困难，比如十五或者二十朵小花就似乎有点难了。要控制住得到奖励的行为有哪些，也要控制住频率。

同上一条意义相同，当板上的哭脸达到一定数目的时候也要有相应的惩罚。比如有了五个哭脸，那么孩子就会在一段时间里失去一些特权，比方说，几天内，孩子晚饭后不能像平常一样去公园玩游戏了。

- 对于大一点的青少年来说，这块板可以用来作为未履行责任的提醒。孩子做了一次没能履行自己责任或者义务的行为，就在板上相应位置画上一个减号。（我们所画的符号不需要像对待小孩子那样有创造性，哪怕用一张纸代替这个板也可以。）五个减号（或者数目由我们和孩子决定好）就要减少孩子的特权，比如出门去玩、打游戏或者看电视等。

- 对于大一点的青少年，我们只要挑选出一种行为去改变，不需要太多。

- 这块板要放在房间里显眼的地方，这样孩子就能时刻提醒自己：妈妈在什么时候、因为什么样的事情，给自己画了一朵花还是一个哭脸。也就能时刻提醒孩子什么事情该做，什么事情不该做。

实例

德扬的父母说德扬（五岁）是一个不配合的孩子，通俗来说就是一个不听话的孩子。于是他的父母弄了一块白板，在板上画好表格，并且把一天分成了四个部分。如果孩子在三个小时内都表现很好，或者在家里或是外面表现得很听话，那么爸爸妈妈就给德扬画一朵小花或是一个小太阳。如果有了六朵小花，德扬就可以选择去娱乐场玩一圈或是买一个玩具车。如果有不好的行为或是不听话，爸爸妈妈就给德扬画一个小哭脸。经过了几周的实践，这个小板就没有继续存在的必要了，因为德扬已经比以前表现得好很多很多了！

德米特里（十五岁）有一项家务事任务——扔垃圾，但是他总是会忘记。爸爸妈妈晓之以理动之以情地讲了几次之后也毫无效果，于是爸爸妈妈在家里显眼的一张桌子上放了一张白纸，如果德米特里没有履行自己的责任（扔垃圾），爸爸妈妈就在纸上画一个减号。他们提前和德米特里谈过，并且达成一致要每天扔一次垃圾，如果纸上有三个减号，德米特里就要在家待三天不许出门玩。之后，德米特里已经能每天想起去扔垃圾了。这张纸在扔掉之前放在那有两个月的时间，当然，扔掉这张纸之后德米特里也有几次忘记扔垃圾，但是这已经是例外不是规则，他的爸爸妈妈认为这是可以接受的。

这种方法的优势

这种方法的优势在于孩子既能从中得到乐趣，同时又能变得更容易控制自己，孩子会随时通过这个方法提醒自己什么该做，什么不该做。有时候我们和孩子讲某些行为有什么样的后果，孩子未必能听懂，但这个方法却能够明白地告诉孩子什么样的行为会有什么样的具体后果，比如奖励或是惩罚。

年纪小一些的孩子喜欢收集贴纸，而且当他们发现有好处的时候，他们收集起来就更加有动力了。这样一个纸板也能够给年纪大一点的孩子一个很好的提醒，能够提醒孩子们要听话。

贴纸板这个方法比一些别的方法好得多，比如打屁股或者说教等。因为这个方法的施行是基于一项好的规矩：做得好就有奖励，做得不好就要惩罚，无论好或不好都是有具体的结果。除此之外，这块板给了孩子无数的乐趣，也能让父母控制好自己的情绪。孩子从中学到的最重要的是：什么行为是合适的，什么行为是不合适的。

奖　励

适用年龄

从两岁至青少年。

适用场合

当有一些具体的场合，需要孩子配合的时候，比如：看牙医的时候、打疫苗的时候、要配合改善在校表现的时候、因为某些原因孩子参加了不喜欢的活动的时候等。

如何应用？

奖励这一方法可能是使用最为广泛的方法了。如果你想让孩子在某些场合能够配合，而这个场合恰好是孩子需要一些努力，或是对孩子来说并不喜欢的场合，那么就给孩子一个奖励，让孩子有一些动力去做。

- 在某些具体场合需要给孩子一个奖励。孩子有权利去选择自己最喜欢的奖励，但是父母也要和孩子一起决定最后的奖励类型是什么。

- 为了让孩子有足够的动力，这个奖励就需要有足够的吸引力。如果爸爸妈妈经常给孩子买小玩具车，那么我们再用这个玩具车作为奖励就不够了，因为孩子总能得到。但是这个奖励又不能太好，比如一个特别特别贵的玩具车。

- 一定要让孩子绝对明白：在什么样的场合里，孩子该如何配合，以及最后孩子能得到什么奖励。当然，要尊重和孩子间的协议。“不轻诺，诺必果。”只有我们真的能办到，真的想去实现的才和孩子承诺好。如果我们不能尊重和孩子间的协议，那么从此以后我们也不必期待孩子能够听话了。

要在孩子表现得好的时候“立刻”给孩子奖励，不要拖延，也不要希望有更好的条件。只在事前和孩子进行协商，而不是在事后下了结论以后再“谈判”。要做到公平。

和孩子之间的协议要做到“可完成性”，这样孩子才能通过努力去完成。如果要求一个期中考试得了F的孩子在期末考试中就得到A，这是不现实的。我们可以把大目标分成一个个的小目标，让孩子一点点地去实现。

实例

米哈伊洛（六岁）要去看牙医，不仅仅是为了检查，而且要修牙。为了让孩子听爸爸妈妈的话，爸爸妈

妈和孩子达成协议，看完牙齿后会带米哈伊洛去买一个在商店里看过的玩具。米哈伊洛一修完牙齿就和爸爸一起去买了这个玩具作为奖励。虽然还是不喜欢去看牙医（谁又喜欢呢？），但是为了这个奖励，米哈伊洛还是乖乖地配合了。

克里斯蒂娜（十六岁）在学习上总会有很多困难，所以她的成绩总是一低再低。后来她和爸爸妈妈达成了一个这样的协议：如果下个学期克里斯蒂娜成绩有了进步，爸爸妈妈就会买给她一张她最喜欢的摇滚乐队的演唱会门票，要知道这个门票真的不便宜呢！经过了很多的努力，克里斯蒂娜取得了一个更好的成绩，当然，她也去看了那场对她而言特别重要的演唱会。

这种方法的优势

奖励（以及奖励的另一种形式——表扬）是立规矩的一个很好的方法，因为这个方法没有攻击性，但是却很有效果，也会引导孩子去养成一些得当的合适的行为习惯。因此，我们并不一定要惩罚孩子，而是可以用一些方法去刺激孩子表现得更好更得体。这个方法也可以让我们父母更轻松一些，因为这个方法让我们有更轻缓的情绪波动，而且在那些对于孩子和我们来说都不轻松的场合里，奖励这个方法能够不那么费力地和孩子进行谈判并将其说服。在某种意义上，我们可以把奖励看成一块缓解苦涩的蜜糖，这种缓解不可避免，但有了蜜糖的陪伴，好歹能够更轻松一些。

取消“特权”

适用年龄

四岁至青少年。

适用场合

孩子经常性地不听话；或者孩子经常没能完成自己的责任，比如家务，或者家庭作业等。

如何应用？

简单来说，如果孩子经常性地不听话，不配合，那就取消他的一些“特权”，比如玩游戏、看电视、在外过夜等。

孩子总会希望从父母那得到些什么，因此，这一事实提供了一个可能性的来源，而这个可能性就是帮助孩子塑造自身的行为。如同用奖励的方法鼓励孩子去做一些好的行为这一原理一样，取消孩子的“特权”也能作为孩子行为不当时的一种惩罚。

如果有可能的话，把取消的“特权”形式和孩子的不当行为形式相连接。比如你警告孩子别把自行车停在门前，别人可能会偷走，可是孩子对此毫无反应，那么就可以取消孩子骑自行车的“特权”，惩罚他三天内不许骑车。

要和孩子说清楚，取消孩子哪个“特权”，这个惩罚的原因以及持续的时间。比如和孩子说清楚：“你已经一周没有好好铺床了，如果你明天再不把床褥铺好，那么你三天内不能出门玩了！”

要做到坚持。如果你已经宣布了取消孩子的某项“特权”，那么就这样做吧！但是只能取消那些你能真正实现的。不要讨价还价，“我说了，五天，那好吧，三天就三天！”这样是不合适的。

要确保取消“特权”的比例合理。如果父母没理由地宽容是不会有效果的，比如孩子一周没有完成家务，可你只是让他半个小时不能看电视。反之亦然，父母做得太严厉效果也并不理想，比如，孩子回家迟到一次就让孩子一个月不许出门。过分的宽容不会带来理想的效果，而过分的严苛只会让目标看上去触不可及。孩子因泄气失望不再去做，而父母也不会得到想要的效果。

- 取消的“特权”一定是孩子看重的。如果孩子喜欢在房间里玩耍，那么我们几天不让孩子出门也不如几天内不给孩子使用手机或者MP3更有效果。对于孩子并不在乎的“特权”，取消与不取消似乎没什么分别。同样，为了不引起孩子的抵抗或者其他相反的效果，我们平时也要多留心孩子真正在意的是什么。

- 这种“惩罚”的方式要在孩子有不好的表现时就立刻提出来。

- 在这项“惩罚”结束后，如有必要，要记得和孩子解释清楚。听听孩子的意见，和孩子进行一下讨论。让孩子能够知晓我们的期望，让孩子了解到如果此后想避免这样的惩罚他们需要做些什么。

实例

阿里克萨（十一岁）经常忘记把轮滑鞋拿回屋里，而总是把鞋子丢在院子里，爸爸妈妈警告了他好多次，鞋子这样丢在院子里可能会被偷走，可阿里克萨还是我行我素。很多次之后，他的爸爸妈妈采取了取消“特权”这个方法：如果阿里克萨再把鞋子丢在外面，那么他就一周内不可以再滑轮滑。

这种方法的优势

取消“特权”其实和奖励这种方法如出一辙，这两种方法都向孩子展示了什么样的行为，无论是得体的还是不得体的，合适的还是不合适的，都会有它自己的具体后果。因此，如果孩子表现得并不尽如人意，那么孩子得到的就是暂时地被夺走一项“特权”。这种方法相比于打屁股或者责骂，其优势在于这种方法并没有攻击性。从这种方法来看，我们是针对孩子的这件事，并不是针对孩子这个人。

取消“特权”这种方法相比于说教来说无疑更有效果，因为在孩子不听话的时候，说教带给孩子的后果并不如取消“特权”带给孩子的后果那样具体，而且这个后果对孩子而言并不让人愉悦。通过这种方法，孩子可以在成长中学习到：权利的得失总是和承担的责任不可分割的。

很自然的是，父母总是希望能够做一些事情让孩子高兴，所以当然更愿意通过奖励的方式，而不是取消“特权”这样的方法。然而，父母需要明白的是，即使取消“特权”这种方法总是会让人不太高兴，但长远看来，这个方法是能够带来好的结果的。

达成协议

适用年龄

青少年。

孩子。

适用场合

孩子或多或少地有一些不听话，并且不重视协议这类事情。

如何应用?

在明确了孩子出现的问题后，爸爸妈妈要向孩子说清楚，对孩子解释什么样的行为是不好的，为什么不好。接下来爸爸妈妈可以问问孩子对此事的观点是什么，也要让孩子解释明白他的需求是什么。在爸爸妈妈和孩子这样交换意见后，基本就可以达成一个协议了，并且在相关问题的解决处理上，双方也能明了互相之间要怎样做能互相接受。这个协议甚至可以白纸黑字地写下来；协议双方（父母和孩子）要明确最终的目标是什么；为了达成这个目标，协议双方（父母和孩子）要做些什么；以及如果没能完成，会受到怎样的惩罚。

和其他立规矩的技巧相比，“协议”这个技巧需要孩子高的成熟度。因为这个方法需要孩子解释某些行为的原因，也就是说，孩子需要解释他们的需求是什么，并且孩子需要和父母进行“谈判”，这些无不需要孩子的成熟度高一些。

父母如果认为某些行为不合适，那么就必须给出相关的、合理的解释，并且能够清楚合理地对孩子解释父母对孩子行为的期望是什么。

父母必须能够控制自己的情绪，能够合理地表达情绪，能够让孩子体会到父母的心意。并且作为父母，不能表达过分的情绪以至于阻碍了相关问题的解决。

作为父母，我们的目的不是为所欲为，用我们的方式去解决问题，而是需要我们在某些场合中能够去站在孩子的立场，用孩子的方式理解孩子的做法与感受。如果我们能经常这样思考问题，我们也能通过这样的方式培养情感共鸣，这一点是很重要的。因为这样我们不仅能够解决类似的问题，并且可以培养孩子的社会技巧，这在孩子将来的发展中会让孩子获益匪浅。

在之前的讨论中我们提到，达成协议的过程中，尽可能使用“我”字结构，而不是过多地使用“你”字结构。也就是说，能够通过告诉孩子“我们的”感受，而不是纯粹地对孩子说“你”如何如何。比如，我们对孩子讲“你太不为别人考虑了！”，孩子听来的效果就不如我们说“你刚刚迟到，妈妈打电话又联系不到你，我真是担心坏了！”（后者“我”字结构效果要比前者“你”字结构效果好很多。）如果我们一味对孩子指责“你……”（你如何如何），孩子会本能地要保护自己，然后也会用同样的方式去反驳我们，比如“妈妈你很无聊，而且妈妈你常常让我觉得窒息了！”等。而父母通过“我”字结构去教育孩子能够帮助我们更好地表达情绪，也能够借此和孩子培养一个更好的交换意见和想法的空间。

通过“协议”，父母和孩子都不会得到绝对满足，但都会有个相对满意的状态。通过这样，我们也会告诉孩子一件很重要的事情：父母可以理解孩子的需求，但同时父母也期待孩子能够理解父母对孩子的期望。

实例

约瓦纳（十六岁）是一个有点固执的孩子，但是和父母之间关系一直都很好。经过父母的描述，约瓦纳有这样一个问题：她本来和父母约定的是晚上十点半之前必须回家，但是她经常回来得很晚，尤其是周末的时候，甚至会迟一个小时以上回家。更重要的是，她在外面玩的时候经常关机不接电话。所以每每约瓦纳晚回家时，父母和她的争吵都非常激烈，问题也不能解决。于是父母决定用协议的方法解决这个问题。通过父母和约瓦纳之间的谈论，父母了解了约瓦纳的想法，约瓦纳认为父母规定的回家时间有点早。她的大多数的朋友都能在外面待得久一点，这让约瓦纳觉得很不好，因为在多数场合中，她总是第一个离开的。除此之外，妈妈经常给她打电话，让她觉得妈妈好像在监视她，好像不是那么信任她，她的朋友也经常因此取笑她。约瓦纳和父母之间谈过以后，达成了这样一个协议：在平时，如果约瓦纳上学的话她就只能在晚上十点半以前回家，如果周五或是周六，那么她就可以在外面玩到午夜回家。约瓦纳也接受了这一协议，因为这个时间表和她的活动时间以及兴趣爱好相符合，所以她也要求自己遵守协议。而另一方面，妈妈要遵守协议，不能在约瓦纳外出时打电话，约瓦纳也不能关掉手机，这样如果有必要的时候，爸爸妈妈也可以和她取得联系。尽管这个协议中也规定了如果没能完成协议有一些怎样的惩罚，但这已经不重要了。因为自从有了协议后，约瓦纳和父母都非常满意，之后也一直没有相关的矛盾出现。

这种方法的优势

首先“协议”这个方法是不具攻击性的，当然除此之外，这一方法还有一些其他的优势之处：

- 通过相关的协议，始终存在的问题可以得以解决。通过“协议”这一方式，我们可以找到孩子能够接受的一个解决方案，尽管孩子在这一问题上没有得到绝对满足，孩子仍然能尽力地去遵守协议。不惜一切代价让孩子听从我们的想法并不是父母的目的，因为虽然能通过强硬的方式让孩子听话，但这只是一个短期的效果，长远来看，我们可能会触发孩子的叛逆心理。而叛逆或是不尊重会成为将来成长中出现的缺乏信任的一个可能性。

- 通过“协议”这种方式解决问题，我们能够教会孩子如何有效地解决出现的问题：比如，交流看法、分析问题、达成协议等，而不是通过喊叫、辱骂和打斗。

协议这种方法能够帮助孩子建立并且发展很多社会技能。首先孩子学会了要尝试采用一些建设性的方法解决问题，比如可以通过协议的方式解决争端；其次孩子也会借此培养自己的情感共鸣，学会倾听他人，学会开展非暴力的交流；等等。孩子由此学会的建设性方法不仅在当下青少年时期有所益处，并且在孩子一生的长足发展中也会有所益处。孩子掌握了这些社会技巧，就等于掌握了助其成功的知识和经验；孩子也从中学会了如何处理好和家人、朋友以及日后的工作伙伴之间的关系的方法。

这种方法也教会了孩子反省自身，观察自身的不足。为了让孩子能够表达出自己的需求和感受，首先需要孩子观察自身，了解自己。而能够正确地认识自己，对于孩子的一生来说都是极其重要的。

对于父母和孩子的关系来说，这个方法也是大有好处的。孩子和父母可以借此更加亲密，父母和孩子间能够更好地了解对方，不仅是了解对方在事件中的看法，而且能够了解到孩子不易察觉的感受，比如恐惧、愤怒、担忧或是不安等。通过父母和孩子间相互交流这些感受，父母和孩子就会更加亲密，更加互相理解。

“你认为如何？”

至此，我们一直在探讨如何给孩子立规矩，探讨立规矩过程中能够使用的方法和技巧，但是也许我们有一项很重要的问题没有解决：父母以及父母的想法。

我们一直都很明确：给孩子立规矩这件事不是一件让人轻松愉快的事情。这件事或多或少地有一些不开心。如果我们说“给孩子立规矩能简单地定义为控制好自己的孩子”，相信大家一定不会觉得奇怪。而每个孩子也都是“一心地”想要逃离我们的“控制”。然而，父母很清楚，为什么立规矩这么不轻松，甚至有些单调乏味，可是我们也还是要提出这么多的方法和技巧去给孩子立规矩。这本书的目的就是让父母获得一些技巧，能够让父母在给孩子立规矩这件事情上更轻松更得心应手一些，能够让父母的方法和技巧更容易更有效果一些。

然而，在父母做这项单调乏味的工作时，除了可能达到的目标以外，父母是怎么想的呢？在这个过程中，父母有没有过失望、困倦，是不是曾经觉得筋疲力尽过呢？

有一天晚上，当我照顾我一岁左右的儿子米哈伊洛时，我忽然觉得自己像是被火车撞了一样。因为那么多的家务活，我觉得很累；因为米哈伊洛刚刚学习走路，我还要到处找他，我觉得很累；因为我那两个大孩子总是要求我多关心他们多陪伴他们，我觉得很累；因为购物做饭等，我也觉得很累……每当我坐到椅子里的时候，我都觉得自己筋疲力尽！有时候米哈伊洛能够自己玩起来，他坐在地板上，用他的小手指慢慢地拨开几天前脱胶的地板条。他就这样自娱自乐了半个小时。那时候，这半个小时对我而言意义重大。我能够休息，能够重生，然后……继续起来忙碌。那些脱胶的地板条也总是需要重新粘合一下。每当我们准备抽空休息一下时，总是有一句话在家里被人拿来取笑，这句话是“让他做什么都行，只要保持安静就好！”。（因为一次我的丈夫回到家，发现米哈伊洛又在玩地板，我当时对此就只是说了这样一句话。）

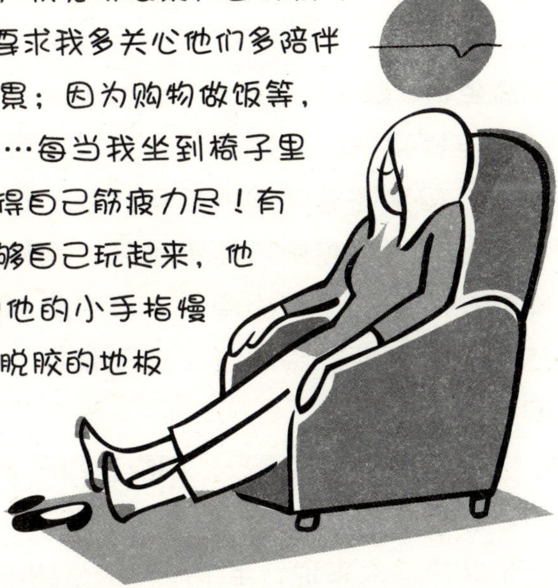

因此，除去紧急情况以外，我对爸爸妈妈们的建议就是：如果你觉得你真的没有力气了，如果你觉得不安、觉得筋疲力尽，如果你想要休息，那么马上休息吧！不要过分强迫自己去做成所有的事情，尤其一些事情真的在我们的能力之外。鉴于这个原因，我们要记住：只要我们的小孩是安全的，那么就让他随意地吃甜品、看卡通，这样孩子也就不会拨开地板了，这时候我们就坐着、躺着、休息一下就好！

尽管我们一直在强调，立规矩就要坚持，要持之以恒，但是随着时间的推移，我们有那么一次两次的不坚持对于立规矩这件事情来说也没什么特别坏的影响。在我们父母真的疲惫不堪的时刻里，最重要的是给自己一个喘息的机会。毫无疑问，之后立规矩的时间还有很多呢！

父母要照顾好自己，不要让自己垮掉，这是很重要的。选择一项最能让我们放松的活动，然后定期去做。比如对某些人来说，半个小时的慢跑不错；而对某些人来说，他们只想要半个小时的绝对安静，喝点咖啡，不要让孩子在身旁问来问去。那么就去做吧！尽管看上去我们努力争取的这半个小时休息时间可能还值不上我们做的这些努力，但是如果我们选择的活动是能让我们放松的，那么这半小时的意义就是很大的。尽情去做吧，忽略时间短暂这个事实！这可能类似于一个高压锅的通气孔，通气孔仅仅能排出蒸汽，却能让锅子实现更好的性能。

另一个好消息是：无论立规矩需要我们付出多少的努力，无论这件事情是不是看上去毫无尽头，然而最终，我们对于管理孩子的需求会逐渐减少，最终我们会

骄傲地认识到曾经那么让我们头疼的孩子最终长成了一个成熟的、高贵的、多才多艺的年轻人。无论他曾经多么难于控制，无论他曾经让我们花费了多少力气去约束，无论他曾经是不是努力尝试去逃避家务、逃避学校的功课，但最终，他们的成长会让我们看到这一切努力是多么值得！他们的成长并不是简单地通过一只魔杖做到的，而正是我们——爸爸妈妈们——在其成长中扮演了重要角色，付出了那么多的努力！

结　语

作为编者，我们希望父母能够认识到，使用我们所描述的这些立规矩的技巧可能解决掉“管理孩子”的大部分问题。然而一定有一些时候，无论父母做多少努力，在孩子身上都看不到任何效果。其实这样的情况每个父母都会碰到，我们不必因此觉得沮丧。我们身边有些例子，比如其他父母好像能解决孩子出现的所有问题，和孩子之间什么矛盾都没有，所有的事情都进展得很顺利，这些例子会让我们困惑，让我们觉得自己不是一个好妈妈，相信我，对于这些故事，不要信以为真！事情的真相远远没有这么简单！尽管这些父母看上去像是一个榜样，但是这并不说明他们的过程就一定那么完美！

我们都有艰难的时刻，无论是父母还是孩子。因此，如果有上述很沮丧的事情出现，如果我们做任何努力都毫无效果，那么就想象一下我们正在马尔代夫或者其他什么旅游胜地，深呼吸，劝慰自己“暴风雨总有过去的一天”！

有一次，当时米哈伊洛是五岁，在平安夜时他对我说，他很担心圣诞老人会不来给他送礼物，因为他前一天在幼儿园做了让人“讨厌的事”。我先和他谈论了这个“讨厌的事”是什么事情，然后我告诉他，不必担心，没有人总是好的：他不是，他的哥哥姐姐也不是，妈妈不是，爸爸也不是，外公外婆不是，幼儿园的老师也不是，甚至连圣诞老人也不会总是好的！每个人都会偶尔做一些不对的事情，这不重要，重要的是要努力去改正，去做得更好！他这才明显地放松下来，我也一样！

这是我教会米哈伊洛的第一课，也是我经常重复的一个道理：我们所有人能做的就是尽力做到我们的最好！

作为父母，每一天我们都在努力，决定什么是最好的，然后尽一切努力将这些最好变成现实。我们不仅要变得更好，而且要在孩子眼中做最好的爸爸妈妈！

关于作者

Nevena Lourincevic 毕业于贝尔格莱德大学（University of Belgrade，南斯拉夫）哲学学院临床心理学系。在她和孩子一起工作的十八年临床实践期间，她主要解决孩子的心理诊断问题、睡眠障碍问题，以及防止孩子出现情绪异常及行为异常问题。除这本书外，“创意中心”还出版了她的另外一些书：《宝贝入睡宝典》《教养误区宝典》以及《发怒制怒宝典》。这些都是大众心理学领域的书籍。

在这些书中，Nevena以一种谦逊、实用又简单的方式向读者娓娓道来。她所给出的建议都是清晰实用的，并且都有数据作为支撑。她认为养育孩子就应该通过一种轻松愉快的方法，教育孩子要基于两个原则：一个是无条件的爱，另一个是设定清晰的界限。

Nevena和丈夫以及三个孩子一起生活在贝尔格莱德。

如果想要知道作者更多的信息，可以登录作者的个人主页：www.nevena-lourincevic.com

后 记

每一个父母都希望和孩子之间有浓浓的爱，有尊重，有温暖。然而，我们的孩子总会耍耍脾气，和其他小伙伴打闹一番，或是不按规定时间回家休息，难道我们需要忍受孩子的这种行为，等待孩子自己成长吗？

绝对不能！如果我们长时间地忽略孩子的这些不当行为，会导致孩子将来在幼儿园或者学校等环境里更加贫乏的适应能力，孩子也会在日后出现更多更严重的问题，而父母能够用适当的方法解决孩子的问题是很重要的！

立规矩不意味着惩罚，而是教育我们的孩子什么行为是合适的，什么行为是不合适的，这些合适与不合适的行为会带来哪些孩子要承受的后果。

立规矩是很重要的，它关乎于孩子将来如何成长为一个成熟的、有责任感和道德心的人。

这本书给我们提供了一些简单实用的立规矩的技巧，能够帮助父母教育孩子，用一种合适的、不具攻击性却十分有效的方式去给孩子立规矩。